Impressum
Verlag: BABADADA GmbH, Nedderfeld 112 , 22529 Hamburg
Geschäftsführer / Verlagsleitung: Harald Hof
Druck: Books on Demand GmbH, In de Tarpen 42, 22848 Norderstedt

Imprint
Publisher: BABADADA GmbH, Nedderfeld 112 , 22529 Hamburg, Germany
Managing Director / Publishing direction: Harald Hof
Print: Books on Demand GmbH, In de Tarpen 42, 22848 Norderstedt, Germany

学校

sekoly

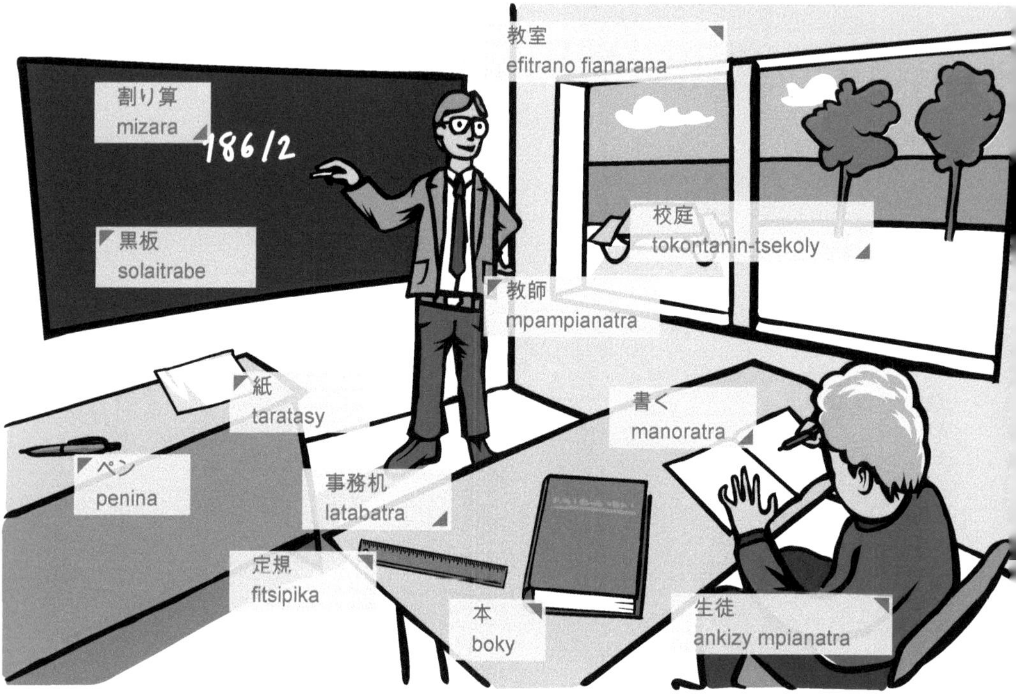

教室
efitrano fianarana
割り算
mizara
186/2
黒板
solaitrabe
校庭
tokontanin-tsekoly
教師
mpampianatra
紙
taratasy
書く
manoratra
ペン
penina
事務机
latabatra
定規
fitsipika
本
boky
生徒
ankizy mpianatra

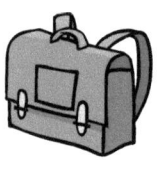

ランドセル

kitapo

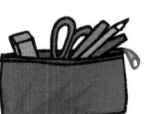

筆入れ

torosy

鉛筆

pensilihazo

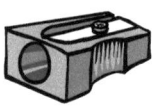

鉛筆削り

fandrangitana pensilihazo

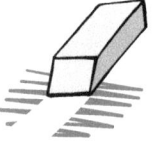

消しゴム

gaoma

スケッチブック

karne fanaovana sary

スケッチ

sary

絵筆

borosy fandokoana

絵の具箱

boaty loko

はさみ

hety

接着剤

lakaoly

練習帳

kahie fampiasàna

宿題

enti-mody

12

数

tarehi-marika

2+2

足し算

manampy

5-2

引き算

manala

2×2

かけ算

mampitombo

計算する

mikajy

A

文字

taratasy

ABCDEFG
HIJKLMN
OPQRSTU
VWXYZ

アルファベット

abidia

hello

単語

teny

テキスト

lahatsoratra

読む

mamaky

チョーク

tsaoka

授業

lesona

学級日誌

boky fianarana

試験

fanadinana

通知表

sertifikà

制服

fanamian'ny mpianatra

教育

fiofanana

百科事典

raki-pahalalana

大学

oniversite

顕微鏡

mikraoskaopy

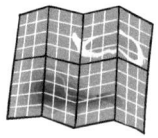

地図

sarintany

ごみ箱

fanariana fako taratasy

fitsangatsanganana

ホテル
hôtely
Grand
ホステル
tranom-bahiny
ROOMS
EXCHANGE
両替所
toerana fanakalozana vola
スーツケース
valizy
自動車
fiara

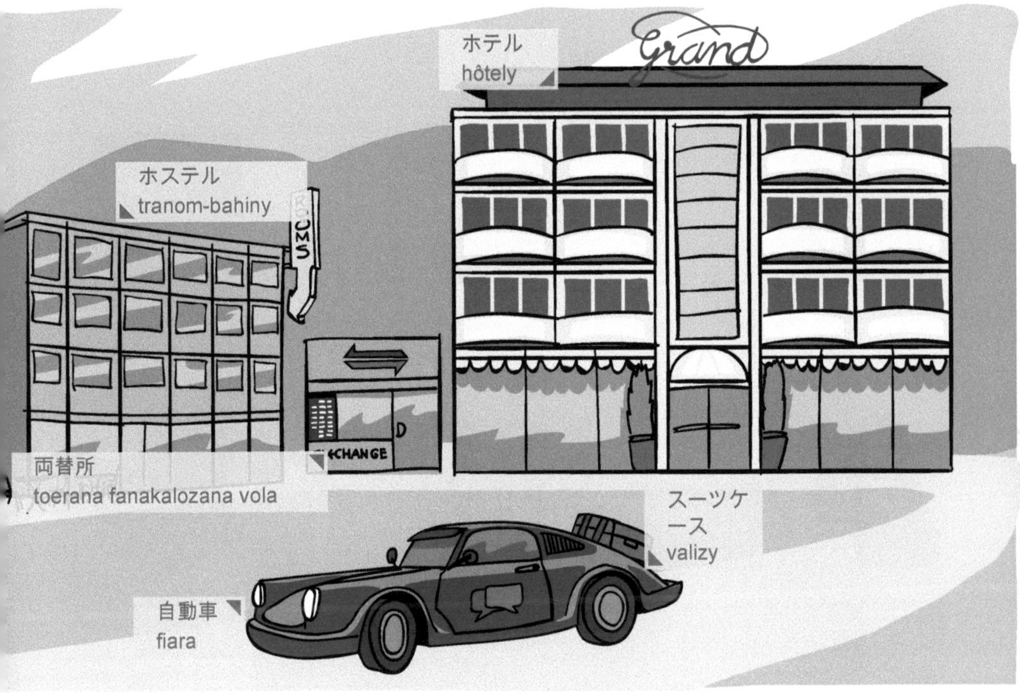

言語

fiteny

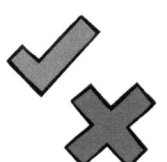

はい / いいえ

eny / tsia

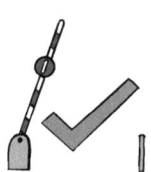

問題ない

Eny àry

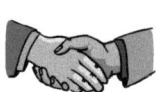

ハロー

salama

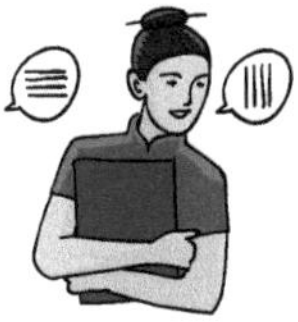

翻訳者

mpandika teny

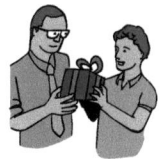

ありがとう

Misaotra

…はいくらですか？

ohatrinona…?

わかりません

Tsy azoko izany

問題

olana

こんばんは！

Salama ô!

おはようございます！

Arahaba tra-maraina e!

おやすみなさい！

Tsara mandry ô!

さようなら

veloma

方向

fitantanana

手荷物

entan'ny mpandeha

バッグ

harona

リュックサック

kitapo

お客様

vahiny

部屋

efitrano

寝袋

fandriana enti-tànana

テント

tanty

旅行者情報
birao miandraikitra ny fizahantany

ビーチ
moron-tsiraka

クレジットカード
fahana amin'ny karatra

朝食
sakafo maraina

昼食
sakafo atoandro

夕食
sakafo hariva

チケット
tapakila

エレベーター
ascenseur

スタンプ
hajia

境界
tany manasaraka

税関
fadin-tseranana

大使館
ambasady

ビザ
visa

パスポート
pasipaoro

輸送

fitaterana

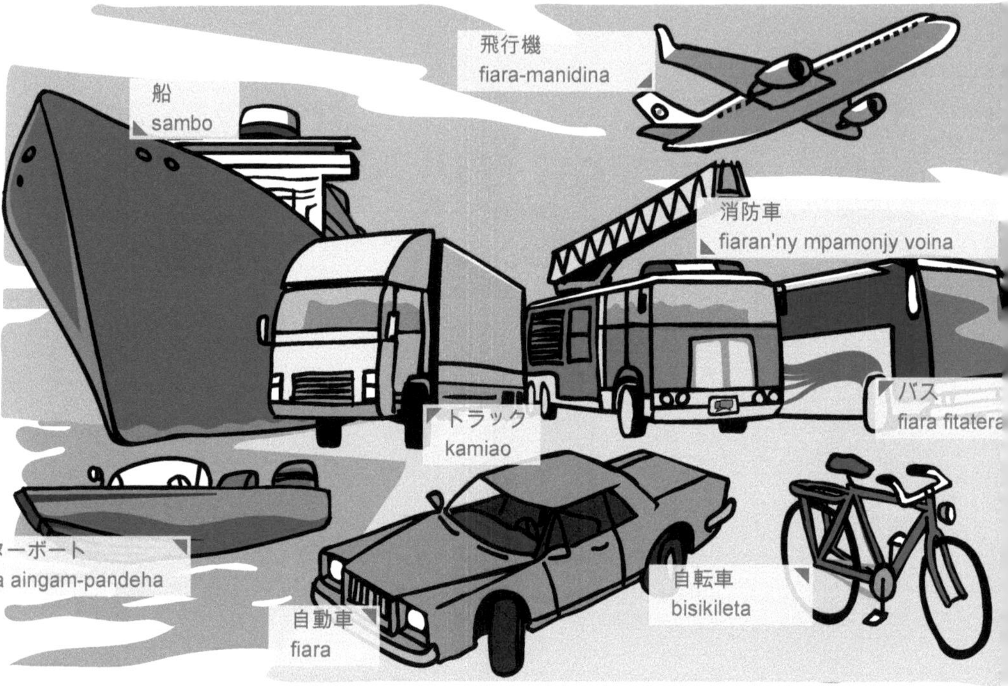
飛行機
fiara-manidina
船
sambo
消防車
fiaran'ny mpamonjy voina
バス
fiara fitatera
トラック
kamiao
ターボート
a aingam-pandeha
自転車
bisikileta
自動車
fiara

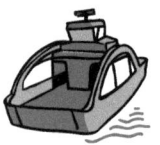

フェリー

sambobe

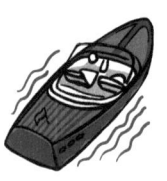

ボート

sambo

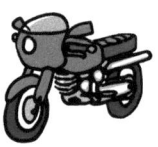

バイク

môtô

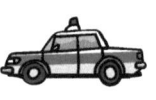

パトカー

fiaran'ny polisy

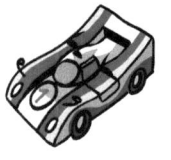

レーシングカー

fiara mpihazakazaka

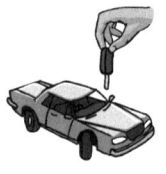

レンタカー

fiara fanofa

カーシェアリング

zara fiara

レッカー車

fiara etsy babeko

ごみ収集車

fiara mpitatitra fako

モーター

môtera

燃料

solika

ガソリンスタンド

tobin-tsolika

交通標識

tondro fifamoivoizana

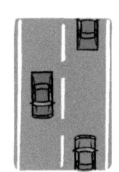

交通

fifamoivoizana

渋滞

fitohanan'ny fifamoivoizana

駐車場

fitobian'ny fiara

駅

fiantsonan'ny fiaran-
dalamby

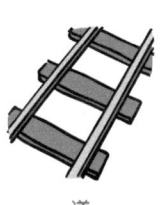

道

lalamby

列車

fiaran-dalamby

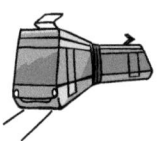

路面電車

tramway

車両

kalesy

ヘリコプター

angidimby

空港

seranam-piaramanidina

タワー

tilikambo

乗客

mpandeha

コンテナ

kaontenera

段ボール箱

baoritra

カート

chariot

カゴ

harona

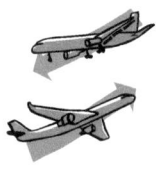

離陸 / 着陸

miainga / midina

都市

renivohitra

村

ambanivohitra

都心

afovoan-tanàna

家

trano

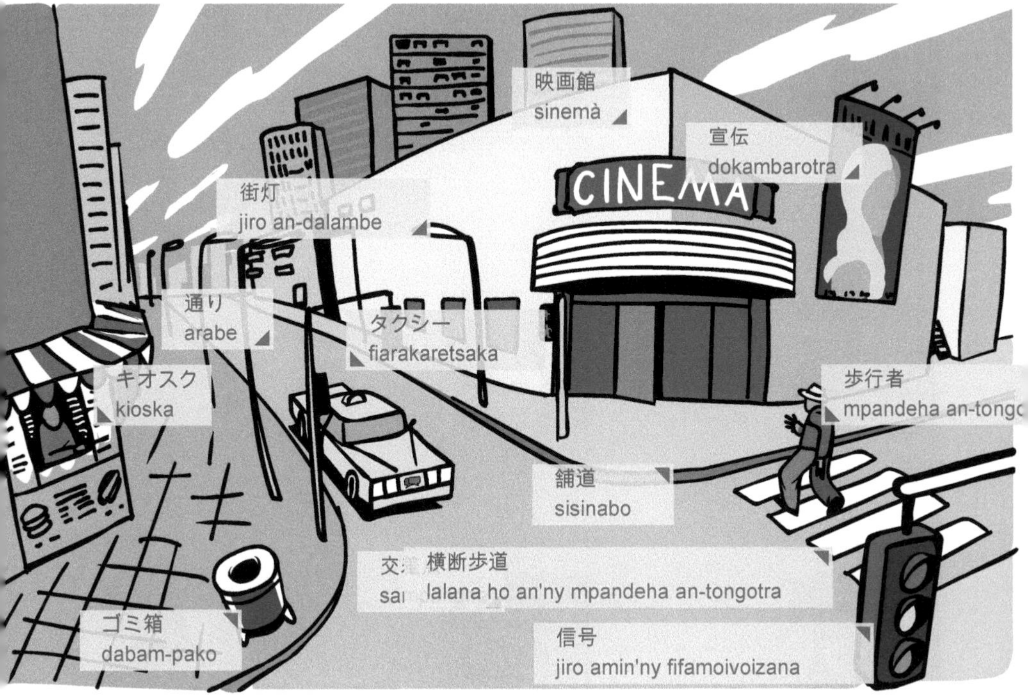

映画館
sinemà

宣伝
dokambarotra

街灯
jiro an-dalambe

通り
arabe

タクシー
fiarakaretsaka

キオスク
kioska

歩行者
mpandeha an-tongo

舗道
sisinabo

交: 横断歩道
saι lalana ho an'ny mpandeha an-tongotra

ゴミ箱
dabam-pako

信号
jiro amin'ny fifamoivoizana

小屋
trano bongo

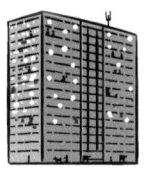

アパート
tranobe

駅
fiantsonan'ny fiaran-dalamby

市役所
firaisana

美術館
donia

学校
sekoly

大学
oniversite

銀行
banky

病院
hopitaly

ホテル
hôtely

薬局
farmasia

オフィス
birao

書店
fivarotam-boky

ショップ
fivarotana

花屋
mpivarotra voninkazo

スーパーマーケット
supermarché

市場
tsena

デパート
tranobe fivarotana

魚屋
mpivarotra trondro

ショッピングセンター
toeram-pivarotana lehibe

港
seranana

公園
valan-javaboary

ベンチ
latabatra

橋
tetezana

階段
totohatra

地下鉄
metrô

トンネル
tonelina

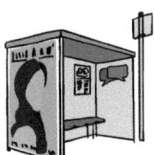

バス停
fiantsonan'ny fiara
mpitondra olona

（バー画像）

バー
bara

レストラン
toeram-pisakafoanana

ポスト
boatin-taratasy paositra

（道路標識画像）

道路標識
famantarana an-arabe

パーキングメーター
parcmètre

動物園
valan-javaboary

スイミングプール
dobo filomanosana

モスク
moskea

農場

toeram-pambolena

汚染

loto

墓地

fasana

教会

trano fiangonana

遊び場

tokontany filalaovana

寺

tempoly

風景

endritany

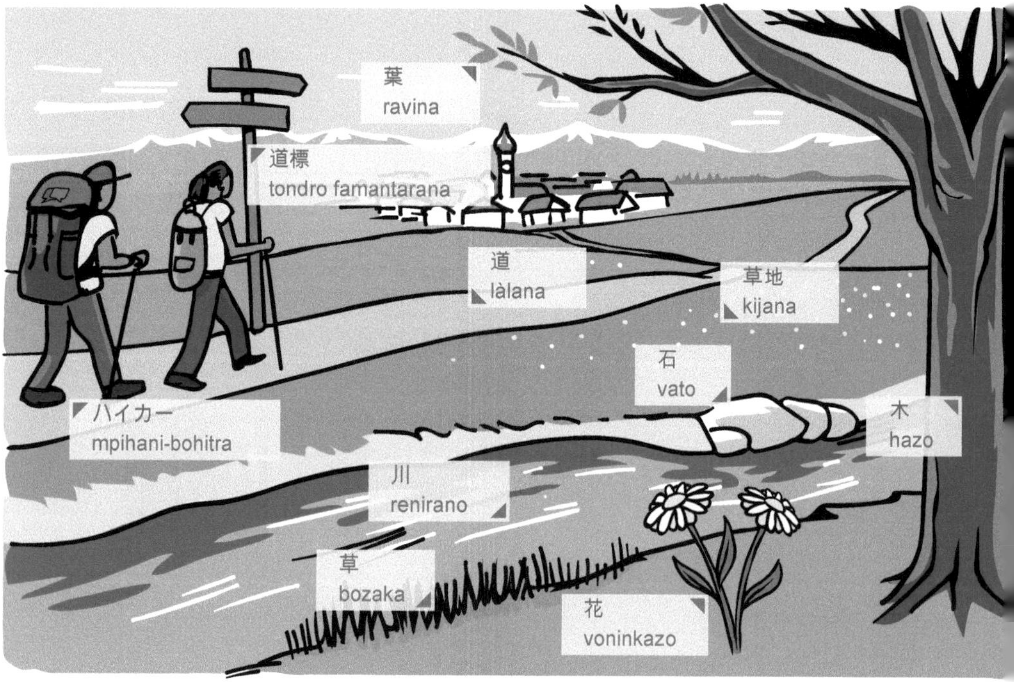

葉
ravina

道標
tondro famantarana

道
làlana

草地
kijana

石
vato

木
hazo

ハイカー
mpihani-bohitra

川
renirano

草
bozaka

花
voninkazo

谷
lemaka

山
vohitra

湖
laka

森
ala

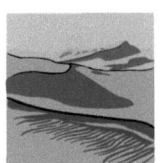

砂漠
tany hay

火山
volkano

城
rova

虹
avana

キノコ
holatra

ヤシの木
hazom-boanio

蚊
moka

ハエ
lalitra

蟻
vitsika

ミツバチ
tantely

クモ
hala

カブトムシ

voangory

蛙

sahona

リス

vontsira

ハリネズミ

trandraka

ウサギ

bitro

フクロウ

vorondolo

鳥

vorona

白鳥

gisabe

雄豚

lambo

鹿

cerf

ヘラジカ

voalavo

ダム

toha-drano

風力タービン

helisy ahodin-drivotra

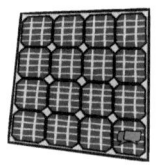

ソーラーパネル

takela-masoandro

気候

toetr'andro

レストラン

toeram-pisakafoanana

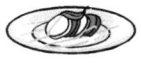

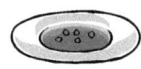

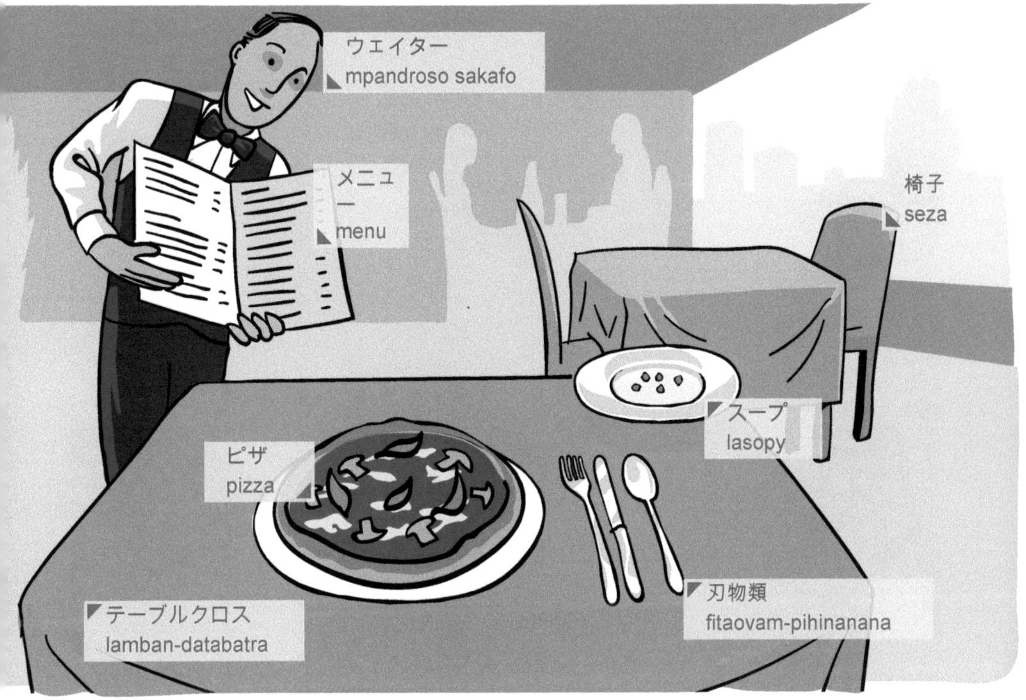

ウェイター
mpandroso sakafo
メニュー
menu
椅子
seza
スープ
lasopy
ピザ
pizza
刃物類
fitaovam-pihinanana
テーブルクロス
lamban-databatra

前菜

entrée

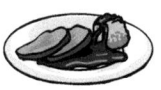

メインコース

sakafo fototra

デザート

desera

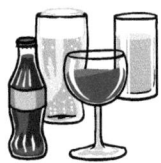

飲み物

zava-pisotro

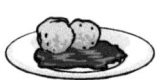

食べ物

sakafo

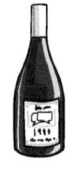

ボトル

tavoahangy

ファストフード

fast food

屋台の食べ物

sakafo an-dalambe

ティーポット

fitoerana dite

砂糖入れ

fitoeran-tsiramamy

一人前

singany

エスプレッソマシン

milina espresso

幼児用食事椅子

seza avo

請求書

faktiora

トレー

lovia fandrosoana sakafo

ナイフ

antsy

フォーク

sotrorovitra

スプーン

sotro

ティースプーン

sotrokely

ナプキン

servieta

グラス

vera

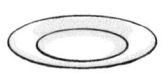

皿
vilia

スープ皿
vilian-dasopy

受け皿
vilia bory

ソース
saosy

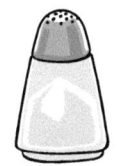

塩入れ
fitoeran-tsira

ペッパーミル
milina dipoavatra

酢
vinaingitra

油
solika

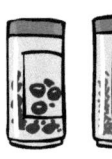

スパイス
zava-manitra

ケチャップ
ketchup

マスタード
voan-tsinapy

マヨネーズ
maionezy

スーパーマーケット
supermarché

特価品
fihenam-bidy
顧客
mpividy
乳製品
sakafo avy amin'ny ronono
果物
voankazo
ショッピング・カート
chariot
FOR

BUTCHERS

肉屋

mpivaro-kena

BAKERY

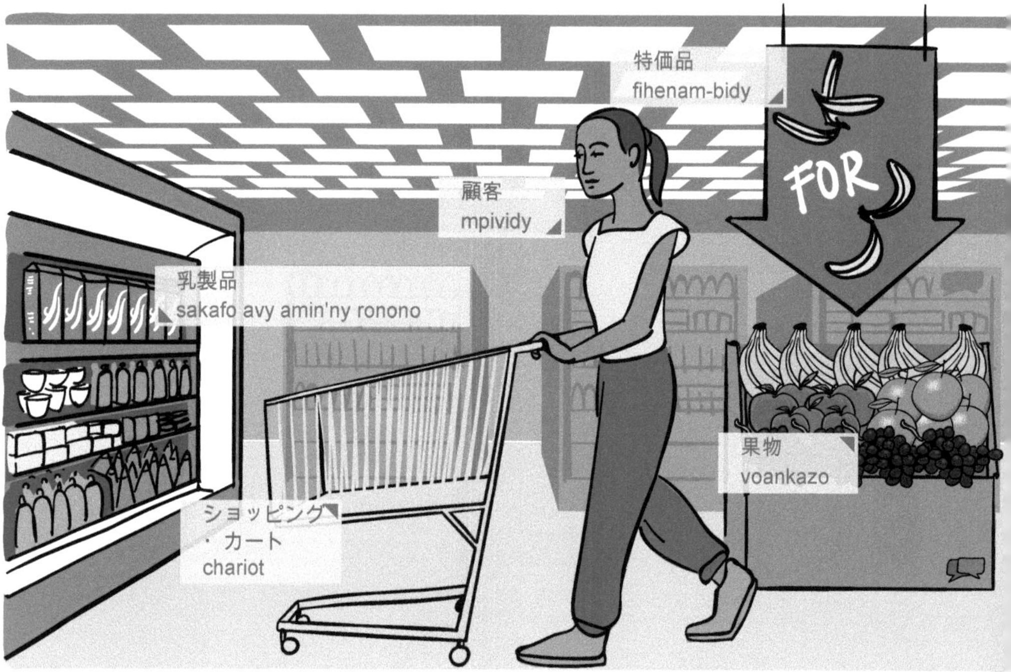

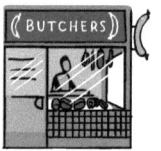

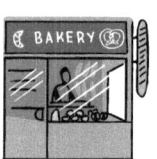

パン屋

mpivarotra mofo

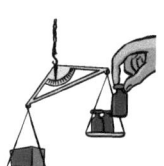

重さをはかる

mandanja

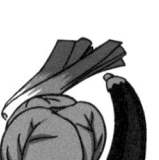

野菜

legioma

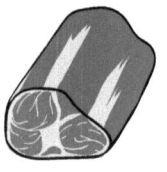

肉

hena

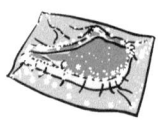

冷凍食品

sakafo nampangatsiahana

冷肉の薄切り

hena voahendy

缶詰食品

sakafo am-by fotsy

洗剤

vovon-tsavony

菓子

vatomamy

家庭用品

fitaovana an-tokatrano

清掃用品

fitaovana fanadiovana

販売員

mpivarotra

現金箱

toerana fandoavam-bola

レジ係

mpandray vola

買い物リスト

isitry ny zavatra vidiana

開館時刻

ora fiasana

財布

portefeuille

クレジットカード

fahana amin'ny karatra

バッグ

harona

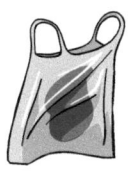

ポリ袋

harona plastika

スーパーマーケット - supermarché

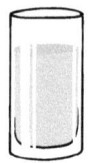

水

rano

ジュース

ranom-boankazo

牛乳

ronono

コーラ

coca

ワイン

divay

ビール

labiera

アルコール

toaka

ココア

sôkôlà mafana

紅茶

dite

コーヒー

kafe

エスプレッソ

espresso

カプチーノ

cappuccino

バナナ

akondro

リンゴ

paoma

オレンジ

laoranjy

メロン

voatango

レモン

voasarimakirana

ニンジン

karaoty

ニンニク

tongolo gasy

竹

volobe

玉ねぎ

tongolo

キノコ

holatra

ナッツ

voamaina

ヌードル

paty

スパゲッティ

spaghetti

米

vary

サラダ

salady

フライドポテト

ovy frity

フライドポテト

ovy voaendy

ピザ

pizza

ハンバーガー

hamburger

サンドウィッチ

sandwich

カツレツ

didin-kena

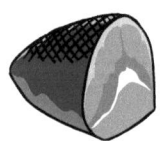

ハム

lambo sira

サラミ

salami

ソーセージ

saosisy

鶏肉

akoho

焼き

hena mendy

魚

trondro

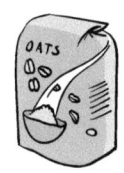

麦のお粥

varin-tsoavaly

ムーズリ

muesli

コーンフレーク

cornflakes

小麦粉

lafarinina

クロワッサン

croissant

ロールパン

mofodipaina kely

パン

mofo

トースト

mofo natono

ビスケット

bisky

バター

dobera

カッテージチーズ

fromazy fotsy

ケーキ

mofomamy

卵

atody

目玉焼き

atody nendasina

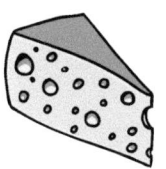

チーズ

fromazy

アイスクリーム

lagilasy

砂糖

siramamy

はちみつ

tantely

ジャム

kaonfitira

ヌガークリーム

crème nougat

カレー

curry

toeram-pambolena

農家
tranom-bokatra

納屋
tranom-bokatra

ストローベール
feheza-mololo

畑
tanim-boly

馬
soavaly

トレーラー
fiara fitarika

トラクター
traktera

子馬
zana-tsoavaly

ロバ
apondra

羊
ondry

子羊
zanak'ondry

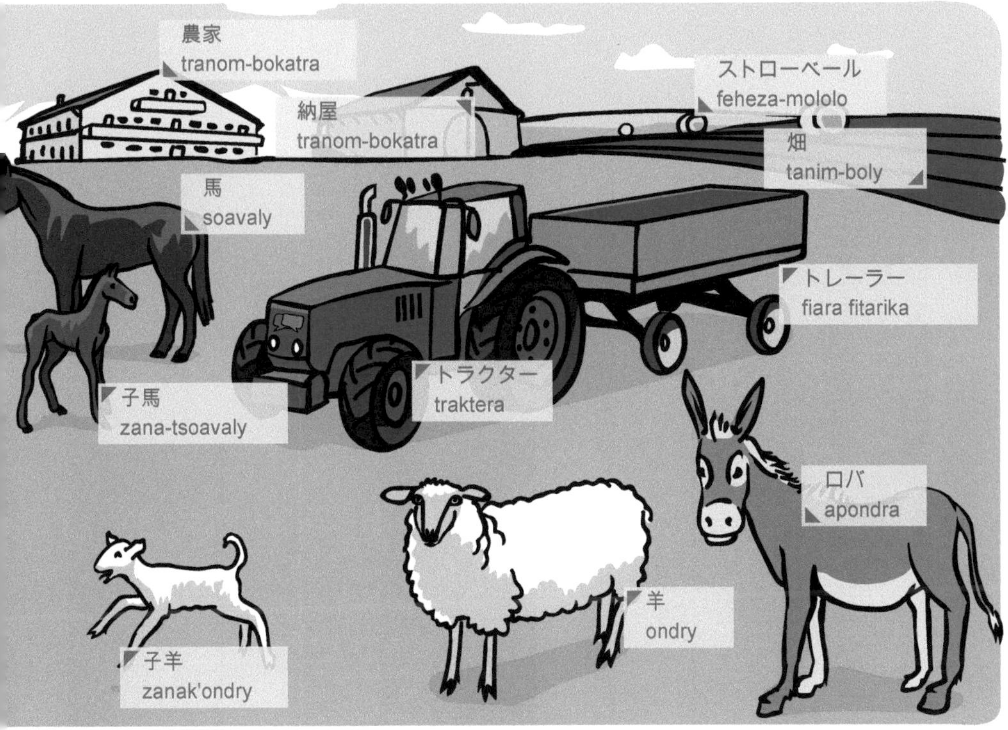

ヤギ
osy

雌牛
omby vavy

子牛
omby

豚
kisoa

子豚
zana-kisoa

雄牛
omby

ガチョウ

gisa

アヒル

gana

ひよこ

zanak'akoho

にわとり

akoho vavy

おんどり

akoho lahy

ネズミ

voalavo

猫

saka

ねずみ

voalavo tondro

雄牛

omby

犬

alika

犬小屋

tranon'alika

散水ホース

fantsona fanondrahana rano

じょうろ

fanondrahana

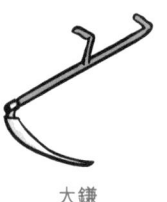

大鎌

antsy biloka

すき

angadin'omby

草刈り鎌
antsim-bilona

くわ
antsetra

堆肥用フォーク
farango vy

斧
famaky

手押し車
borety

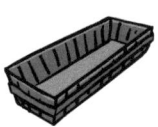

かいばおけ
dababe

牛乳缶
boatin-dronono

袋
harona

フェンス
fefy

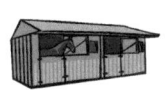

畜舎
tranom-biby

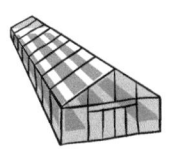

温室
talatalan-jaridaina

土壌
tany

種
ambeoka

肥料
zezika

コンバイン
milina mpijinja vokatra

収穫する

vokatra

収穫

vokatra

ヤマイモ

saonjo

小麦

varimbazaha

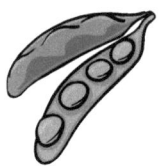

大豆

saozaha

じゃがいも

ovy

トウモロコシ

katsaka

菜種

colza

果樹

hazo fihinam-boa

キャッサバ

mangahazo

穀物

voamadinika

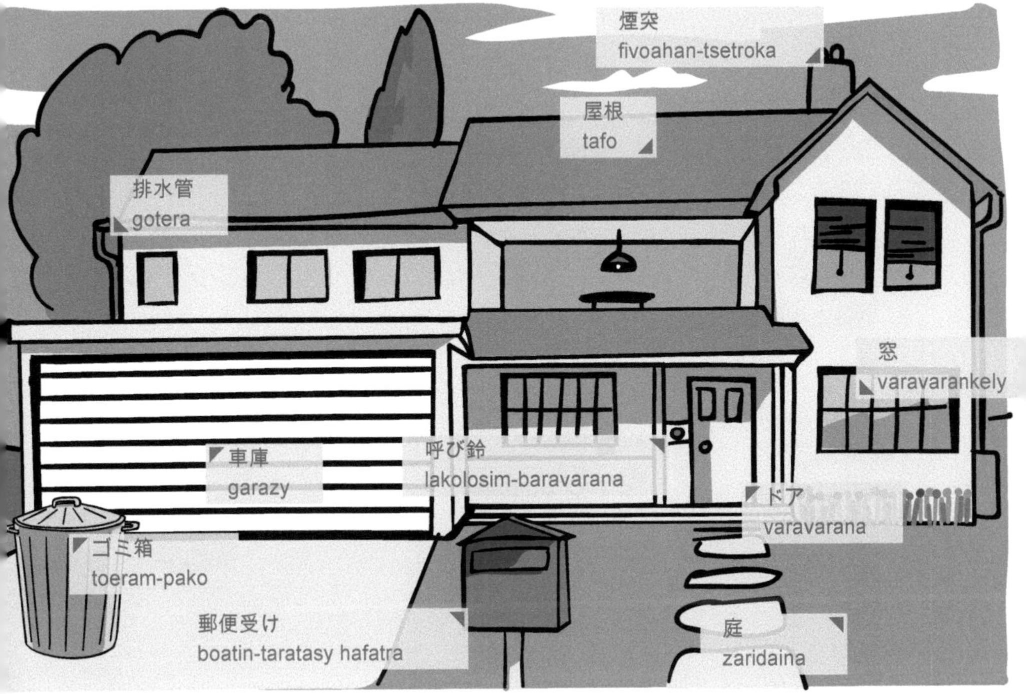

煙突
fivoahan-tsetroka

屋根
tafo

排水管
gotera

窓
varavarankely

車庫
garazy

呼び鈴
lakolosim-baravarana

ドア
varavarana

ゴミ箱
toeram-pako

郵便受け
boatin-taratasy hafatra

庭
zaridaina

リビングルーム
efitra fandraisam-bahiny

浴室
efitra fandroana

台所
lakozia

寝室
efitra fatoriana

子供部屋
efitranon'ny ankizy

ダイニング・ルーム
efi-trano fisakafoanana

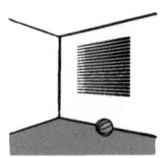

床
tany

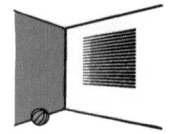

壁
rindrina

天井
valindrihana

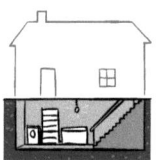

地下貯蔵庫
lakavy

サウナ
sauna

バルコニー
tsimahalavo

テラス
lavarangana

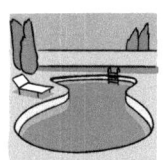

プール
dobo filomanosana

芝刈り機
mpanapaka bozaka

シーツ
lambam-pandriana

ベッドカバー
koety

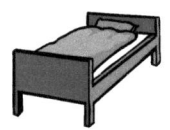

ベッド
fandriana

ほうき
kifafa

バケツ
sô

スイッチ
interrupteur

リビングルーム

efitra fandraisam-bahiny

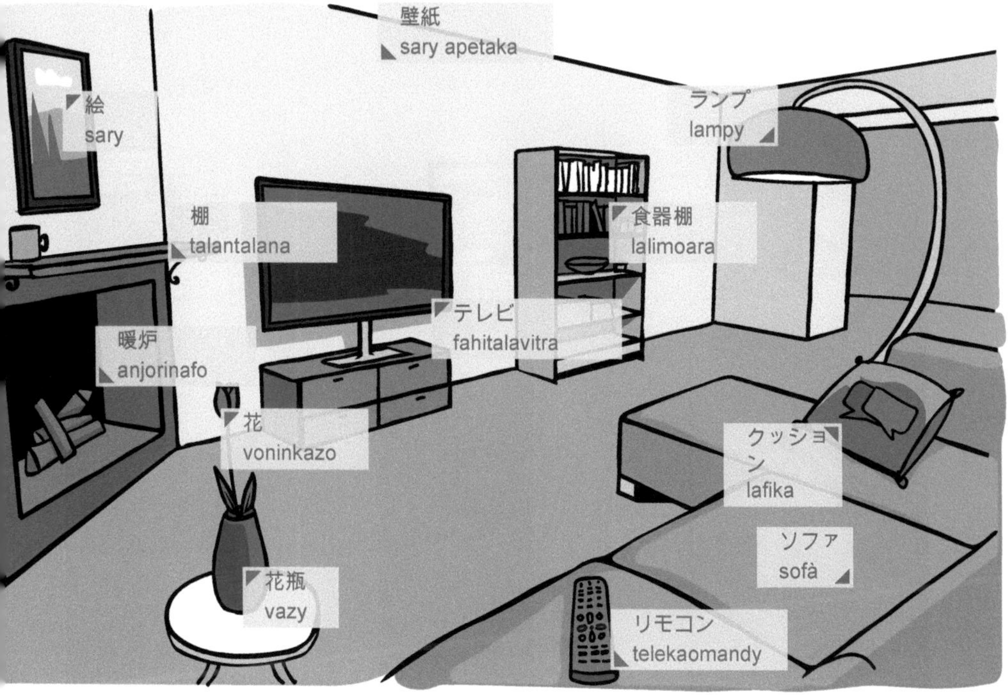

壁紙
sary apetaka
絵
sary
ランプ
lampy
棚
talantalana
食器棚
lalimoara
テレビ
fahitalavitra
暖炉
anjorinafo
花
voninkazo
クッション
lafika
ソファ
sofà
花瓶
vazy
リモコン
telekaomandy

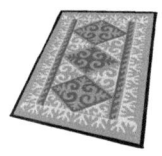

カーペット

tapis

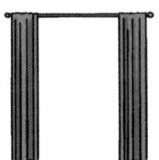

カーテン

takom-baravarana

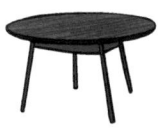

テーブル

latabatra

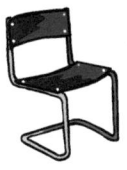

椅子

seza

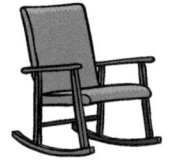

ロッキングチェア

seza savily

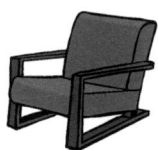

ひじ掛け椅子

seza mihaja

本

boky

毛布

lamba firakotra

飾り

asa fandravahana

たきぎ

hazo fandrehitra

映画

horonantsary

ステレオ

fitaovana hi-fi

鍵

fanalahidy

新聞

gazety

絵画

loko

ポスター

sary famantarana

ラジオ

radio

メモ帳

kahie fanao tadidy

掃除機

aspiratera

サボテン

raketa

ろうそく

labozia

台所

lakozia

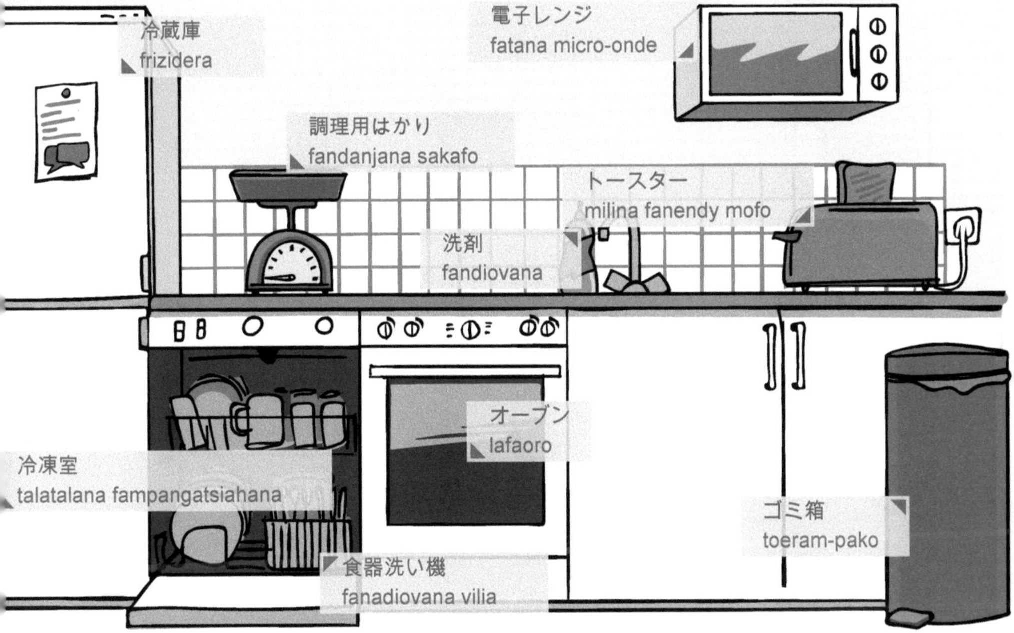

冷蔵庫
frizidera
電子レンジ
fatana micro-onde
調理用はかり
fandanjana sakafo
トースター
milina fanendy mofo
洗剤
fandiovana
オーブン
lafaoro
冷凍室
talatalana fampangatsiahana
ゴミ箱
toeram-pako
食器洗い機
fanadiovana vilia

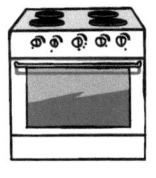

こんろ

lafaoro

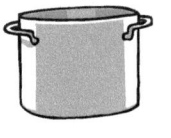

鍋

vilany

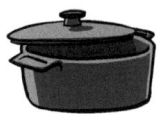

鉄鍋

vilany vy

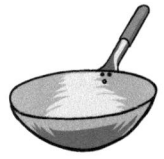

中華鍋/ カダイ鍋

wok / kadai

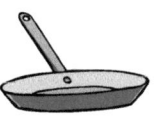

フライパン

lapoaly

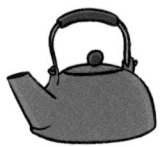

やかん

fitaovana fampangotrahana rano

蒸し器

vilany mandeha entona

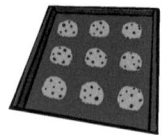

天板

lovia fisaka

食器

fitaovan-dakozia

マグカップ

zinga

ボウル

vilia baolina

箸

hazokely fihinanana

おたま

sotrobe lavatango

へら

spatule

泡立て器

fanakapohana atody

こし器

fanatantavanana

ふるい

lovia sivana

すりおろし器

fanakikisana

すり鉢

laona

バーベキュー

kiendiendy

かまど

fivoahan'ny setroka

まな板

akalana fitetehana

麺棒

kodia fandamàna koba

栓抜き

fisontonana bosoa

缶

boaty

缶切り

fanokafana boaty

鍋つかみ

fitazomana vilany

流し

lavabô

ブラシ

borosy

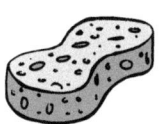

スポンジ

spaonjy

ミキサー

miksera

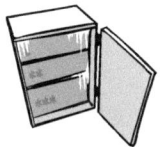

冷凍庫

fitaovana fampangatsiahana

哺乳瓶

tavoahanginono

蛇口

paompy

浴室

efitra fandroana

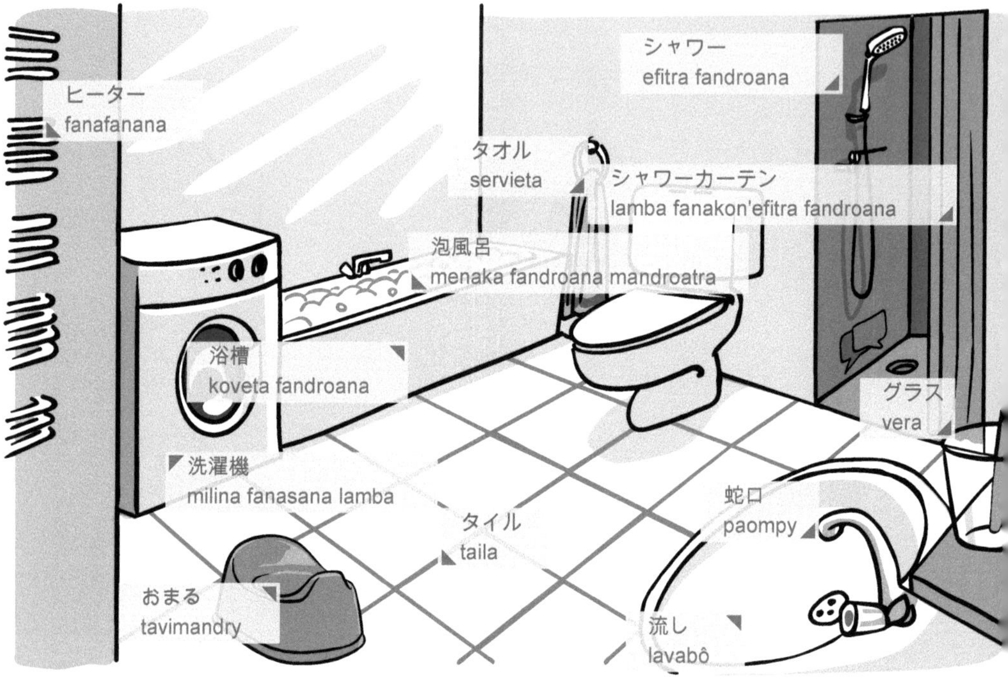

シャワー
efitra fandroana

ヒーター
fanafanana

タオル
servieta

シャワーカーテン
lamba fanakon'efitra fandroana

泡風呂
menaka fandroana mandroatra

浴槽
koveta fandroana

グラス
vera

洗濯機
milina fanasana lamba

蛇口
paompy

タイル
taila

おまる
tavimandry

流し
lavabô

トイレ

efitrano fidiovana

和式トイレ

kabone mitsingo

ビデ

bidet

小便器

fipipizana

トイレットペーパー

taratasy fidiovana

トイレブラシ

borosy fampiasa an-kabone

歯ブラシ
borosinify

歯みがき
famotsia-nify

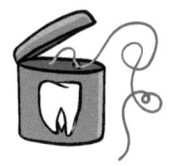

デンタルフロス
kofehy fanadiova-nify

洗う
manasa

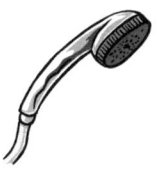

シャワーヘッド
fisaika enti-tànana

ハンドビデ
fanadiovana fivaviana

洗面台
kovetabe

ボディブラシ
borosin-damosina

石鹸
savony

シャワー用ジェル
fampiasa rehefa misaika

シャンプー
shampoo

浴用タオル
fonon-tànana enti-misaika

排水口
tsiranoka

クリーム
crème fanosotra

消臭
fanalana fofona

鏡
fitaratra

手鏡
fitaratra fihaingo

かみそり
hareza

シェービング・フォーム
raotra fiharatra

アフターシェーブローショ
ン
menaka haratra

櫛
fiogo

ブラシ
borosy

ドライヤー
fitaovana fanamainam-bolo

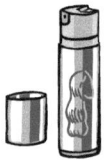

ヘアスプレー
atsifotra amin'ny volo

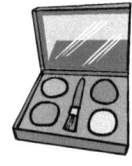

化粧
fikarakarana tarehy

口紅
lokomena

マニキュア
haingo hoho

脱脂綿
vohavohan-dandihazo

爪切り
fanapahana hoho

香水
ranomanitra

洗面用具入れ

fitoerana fitaovana an-kabone

スツール

sezabory

体重計

fandanjana olona

バスローブ

akanjo enti-matory

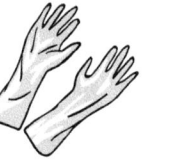

ゴム手袋

fonon-tànana enti-manadio

タンポン

servieta fanary

生理用ナプキン

amba fampiasa amin'ny fadimbolana

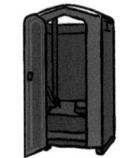

ケミカルトイレ

kabone simika

子供部屋
efitranon'ny ankizy

目覚まし時計
famohamandry
ぬいぐるみ
saribakoly
おもちゃの自動車
fiara kilalao
がらがら
korintsana
ドール・ハウス
tranon-tsaribakoly
プレゼント
fanomezana

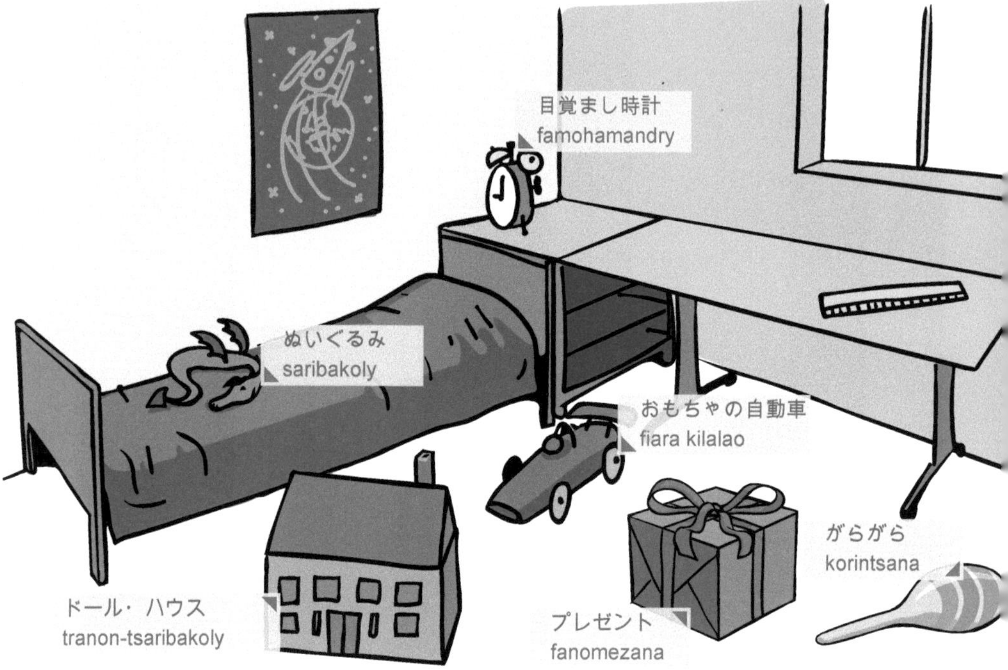

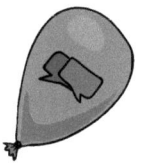

風船
balaonina

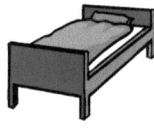

ベッド
fandriana

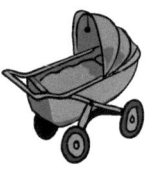

ベビーカー
posety

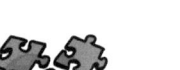

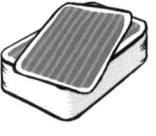

カードゲーム
lalao karatra

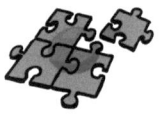

ジグソーパズル
puzzle

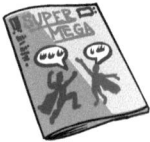

漫画
sariitatra

レゴ

lalao legô

玩具ブロック

kilalao fananganana trano

アクションフィギュア

sarivongana kely

ロンパース

grenera

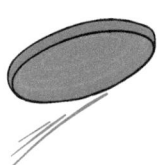

フリスビー

Frisbee

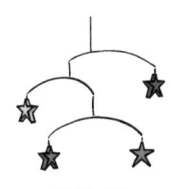

モバイル

mobile

ボードゲーム

jeu de société

さいころ

kodiakely

鉄道模型

lamasinina kely

おしゃぶり

solonono

パーティー

fety

絵本

boky feno sary

ボール

baolina

人形

saribakoly

遊ぶ

milalao

砂場

kovetam-pasika

ブランコ

savily

おもちゃ

kilalao

ゲーム機

kilalao video

三輪車

tricycle

テディベア

teddy orsa

衣装ダンス

fitoeran'akanjo

衣服

akanjo

靴下

bà kiraro

ストッキング

bàn-tongotra

タイツ

akanjo manara-batana

スカーフ
foloara

ベルト
fehin-kibo

雨傘
elo

Tシャツ
t-shirt

ブーツ
baoty

スリッパ
kapa fitondra an-tranc

スニーカー
kiraro tenisy

サンダル
....
kapa

靴
....
kiraro

ゴム長靴
....
baoty fingotra

パンツ
....
atinakanjo

ブラ
....
tatinono

ベスト
....
akanjo feno

ボディースーツ

vatana

ズボン

pataloha

ジーンズ

jean

スカート

zipo

ブラウス

akanjo ambony

シャツ

lobaka

セーター

pull

パーカー

akanjo sarotro

ブレザー

palitao

ジャケット

palitao

コート

palitao

レインコート

akanjo aro-orana

服装

akanjo fianjaika

ドレス

fitafim-behivavy

ウェディングドレス

akanjon'ny ampakarina

スーツ

akanjo fianjaika

ナイトガウン

akanjo-mandry

パジャマ

pijamà

サリー

sari

ヘッドスカーフ

sarondoha

ターバン

turban

ブルカ

burqa

カフタン

kaftan

アバヤ

abaya

水着

kanjo fitondra milomano

トランクス

akanjo fitondra milomano

¥ズボン

pataloha fohy

スウェットスーツ

akanjo fitena

エプロン

tablie

手袋

fonon-tànana

ボタン

bokotra

メガネ

solomaso

ブレスレット

brasele

ネックレス

rojo

指輪

peratra

イヤリング

kavina

帽子

satroka

ハンガー

fanantonana palitao

帽子

satroka

ネクタイ

fehivozo

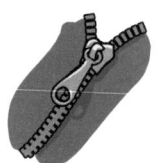

ファスナー

hidikorisa

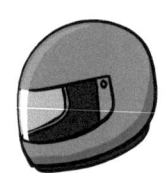

ヘルメット

aroloha

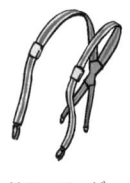

サスペンダー

beritelo

制服

fanamian'ny mpianatra

ユニフォーム

fanamiana

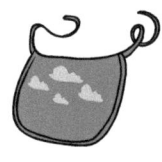

よだれかけ

bavoara

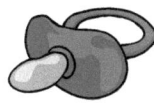

おしゃぶり

solonono

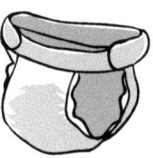

おむつ

taty

オフィス

birao

サーバ
serveur
書類キャビネット
lalimoara fitahirizana
紙
taratasy
プリンター
mpanao pirinty
モニター
efijoro
事務机
latabatra
マウス
voalavo tondro
フォルダー
klasera
キーボード
klavie
ごみ箱
fanariana fako taratasy
椅子
seza
コンピューター
solosaina

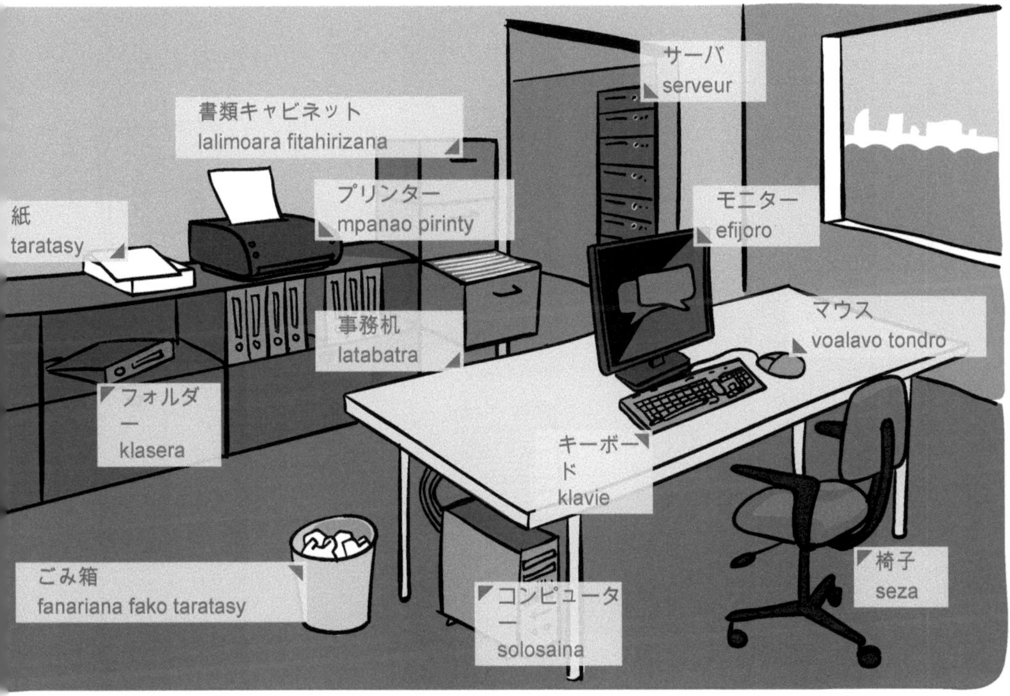

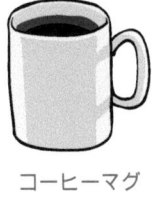

コーヒーマグ

kaopin-kafe

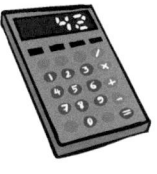

計算機

mpikajy

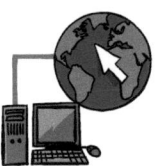

インターネット

aterineto

ラップトップ

solosaina maivana

手紙

taratasy

メッセージ

hafatra

携帯電話

mobile

ネットワーク

tambajotra

コピー機

imprimante

ソフトウェア

rindrambaiko

電話

finday

コンセント

prizy

ファックス

fax

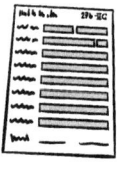

フォーム

efitra fenoina

書類

fehezan-taratasy

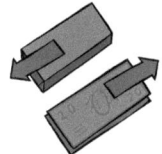

買う

mividy

支払う

mandoa vola

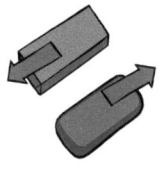

取引する

misera

お金

vola

ドル

dôlara

ユーロ

euro

円

yen

ルーブル

rouble

スイスフラン

Franc suisse

人民元

renminbi yuan

ルピー

roupie

キャッシュポイント

fangalàna vola

両替所

toerana fanakalozana vola

金

volamena

銀

volafotsy

油

solika

エネルギー

angovo

価格

vidiny

契約

fifanekena

税金

hetra

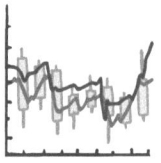

株

action borsa

働く

miasa

従業員

mpiasa

雇用主

mpampiasa

工場

orinasa

ショップ

fivarotana

警察官
mpitandro filaminana

消防士
mpamonjy voina

コック
mahandro

医師
dokotera

パイロット
mpanamory

庭師

mpikarakara zaridaina

大工

mpandrafitra

お針子

vehivavy mpanjaitra

裁判官

mpitsara

化学者

mpahay simia

俳優

mpilalao sarimihetsika

バスの運転手

mpamily fiara fitateram-
bahoaka

タクシー運転手

mpamily fiarakaretsaka

漁師

mpanjono

掃除婦

vehivavy mpanadio

屋根ふき職人

mpanao tafo

ウェイター

mpandroso sakafo

ハンター

mpihaza

塗装工

mpandoko

パン屋

mpanao mofo

電気工

elektrisianina

建設作業員

mpanao trano

エンジニア

injeniera

肉屋

mivaro-kena

配管工

plombier

郵便配達人

faktera

軍人
miaramila

建築家
mpanao mari-trano

レジ係
mpandray vola

花屋
mpivarotra voninkazo

美容師
mpanao volo

車掌
mpizara tapakila

機械工
mpahay mekanika

キャプテン
kapiteny

歯科医
mpitsabo nify

科学者
siantifika

ラビ
raby

イスラム導師
imam

修道士
moanina

牧師
pretra

道具

fitaovana

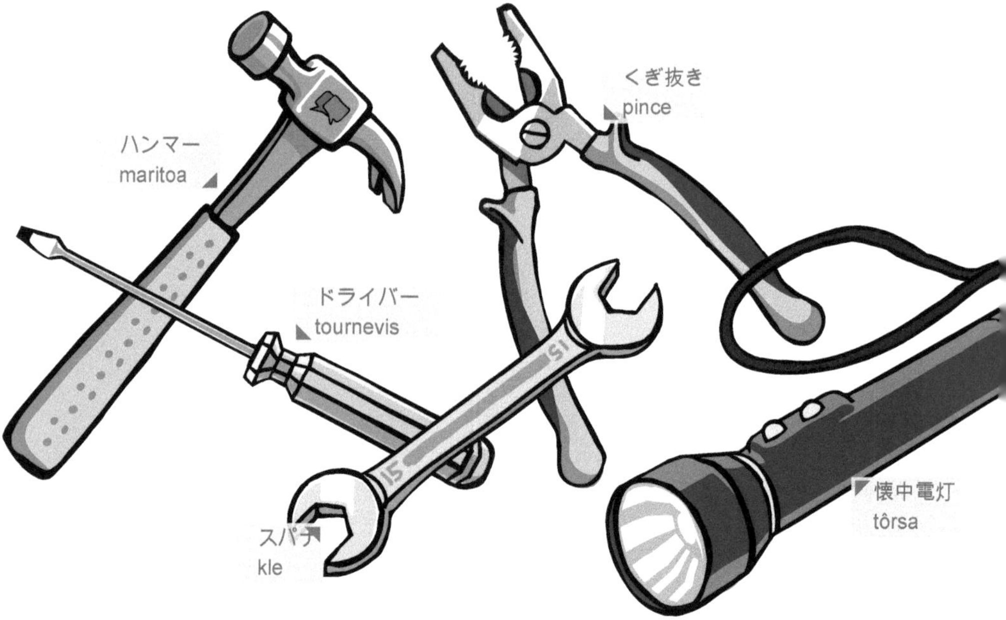

ハンマー
maritoa
くぎ抜き
pince
ドライバー
tournevis
スパナ
kle
懐中電灯
tôrsa

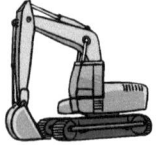

掘削機

pelleteuse

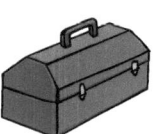

道具箱

boaty fanisy fitaovana

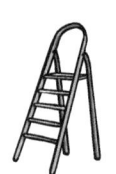

はしご

tohatra

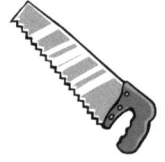

のこぎり

tsofa

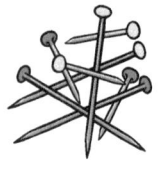

釘

fantsika

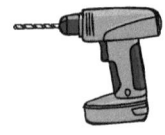

ドリル

perceuse

修理する

manarina

シャベル

lapela

クソ！

Kyy!

ちりとり

angadim-pako

ペンキ缶

boatin-doko

ネジ

visy

楽器

zava-maneno

打楽器
vata maro anaka

スピーカー
haut-parleur

ギター
gitara

コントラバス
contrebasse

トランペット
trompetra

ピアノ

vata maro afitsoka

バイオリン

lokanga

バス

basse

ティンパニ

amponga timpani

ドラム

aponga

キーボード

klavie

サックス

saksa

フルート

sodina

マイクロフォン

mikrao

動物園

valan-javaboary

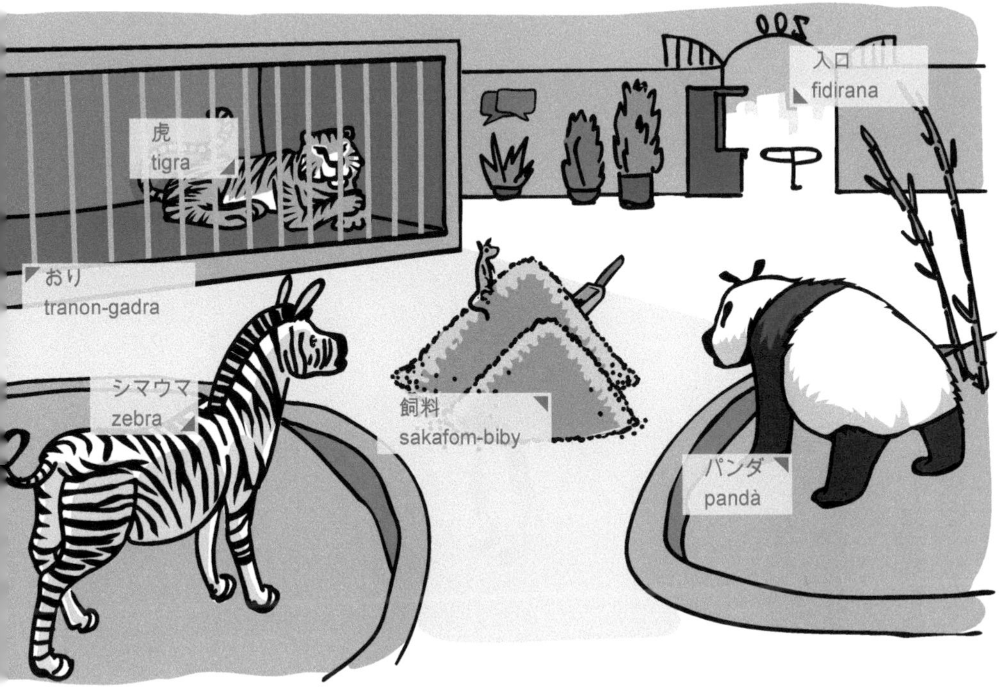

入口
fidirana
虎
tigra
おり
tranon-gadra
シマウマ
zebra
飼料
sakafom-biby
パンダ
pandà

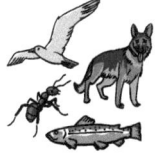

動物

biby

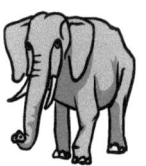

象

elefanta

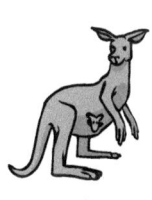

カンガルー

kangoroa

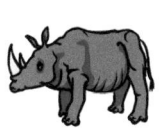

サイ

rinôserôsy

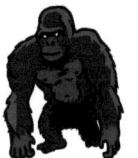

ゴリラ

gôrila

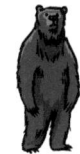

熊

orsa

ラクダ

rameva

ダチョウ

aotrisy

ライオン

liona

猿

rajako

フラミンゴ

sama

オウム

boloky

白クマ

orsa polera

ペンギン

pengoa

サメ

atsantsa

クジャク

vorombola

蛇

bibilava

ワニ

voay

飼育係

mpiandry valan-javaboary

アザラシ

fôko

ジャガー

jagoara

ポニー

poney

ヒョウ

leopara

カバ

hipôpôtamo

キリン

zirafa

鷲

voromahery

雄豚

lambo

魚

trondro

亀

sokatra

セイウチ

môrsa

狐

renard

ガゼル

gazely

fanatanjahan-tena

アメフト
Football amerikana

サイクリング
hazakazaka am-bisikileta

テニス
tennis

バスケット
ボール
baskety

水泳
lomano

アイスホッケー
hockey an-dranomand

ボクシン
グ
boxe

サッカー
baolina kitra

バドミントン
badminton

陸上競技
atletisma

ハンドボール
handball

スキー
ski

ポロ
polo

笑う
mihomehy

ambikina

抱きしめる
mamihina

歩く
mandeha

歌う
mihira

夢見る
manonofy

祈る
mivavaka

キス
manoroka

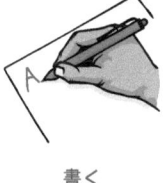

書く
manoratra

描く
manao sary

示す
maneho

押す
manosika

与える
manome

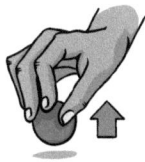

取る
mandray

持っている

manana

する

manao

ある

mizovy

立つ

mijoro

走る

mihazakazaka

引く

misintona

投げる

manary

落ちる

lavo

横たわっている

mandry

待つ

miandry

運ぶ

mitondra

座る

mipetraka

着る

miakanjo

眠る

matory

目が覚める

mifoha

見る

mijery

泣く

mitomany

なでる

fahatapahan'ny lalan-dra

櫛ですく

fiogo

話す

miresaka

理解する

mahay

質問する

milaza

聞く

mihaino

飲む

misotro

食べる

mihinana

片づける

mandamina

愛する

mitia

料理する

mahandro

運転する

mamily

飛ぶ

lalitra

ヨットに乗る

miandriaka

計算する

mikajy

読む

mamaky

学ぶ

mianatra

働く

miasa

結婚する

mivady

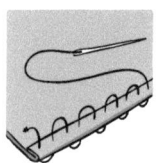

縫う

manjaitra

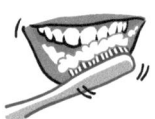

歯を磨く

miborosy nify

殺す

mamono

喫煙する

mifoka

送る

mandefa

祖母
renibe

祖父
dadabe

父
ray

母
reny

赤ん坊
zaza

娘
zanaka vavy

息子
zanaka lahy

お客様

vahiny

おば

nenitoa

おじ

dadatoa

兄弟

rahalahy

姉妹

rahavavy

体

vatana

ひたい
handrina
目
maso
肩
soroka
指
rantsan-tànana
顔
tarehy
あご
saoka
手
tànana
脚
ranjo
胸
nono
腕
sandry

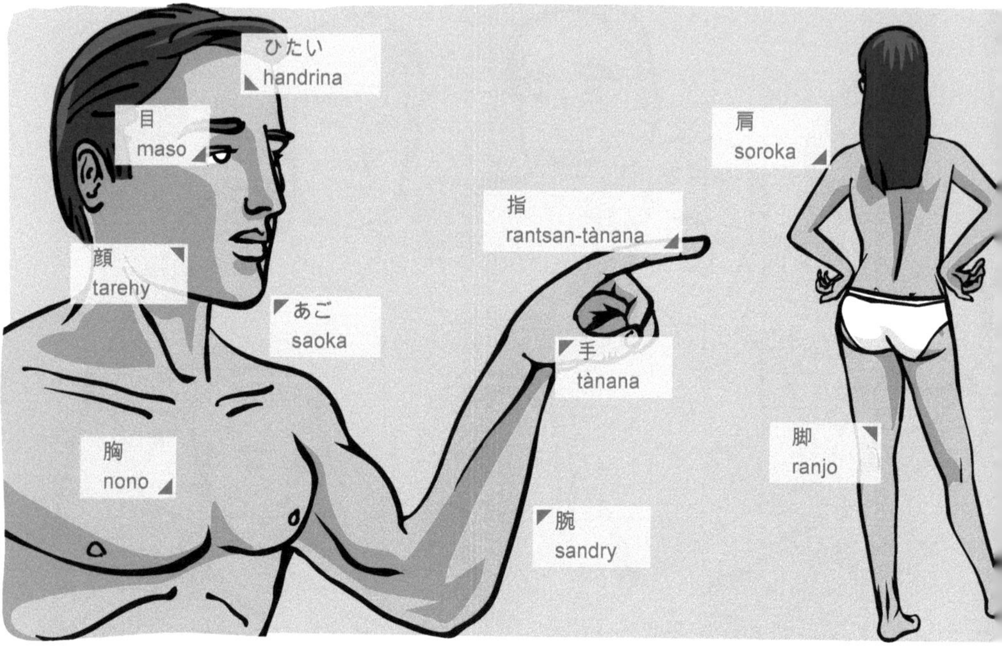

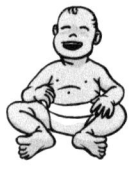

赤ん坊
zaza

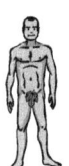

男性
lehilahy

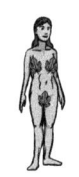

女性
vehivavy

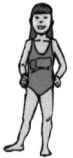

少女
vavy

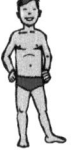

少年
lahy

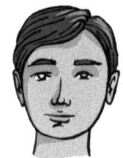

頭
loha

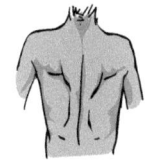

背中

lamosina

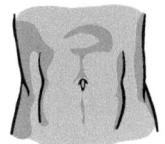

腹

kibo

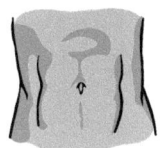

へそ

foitra

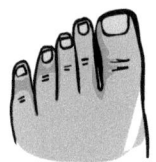

足指

rantsan-tongotra

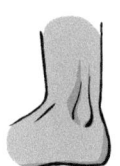

かかと

voditongotra

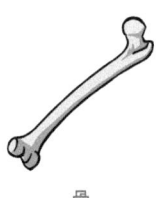

骨

taolana

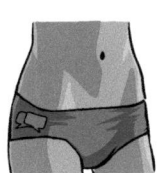

腰

valahana

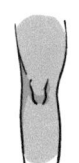

ひざ

lohalika

ひじ

kiho

鼻

orona

尻

vody

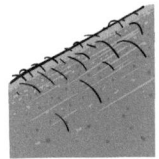

皮膚

hoditra

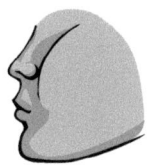

頬

takolaka

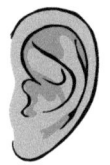

耳

sofina

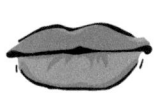

唇

molotra

口
vava

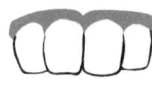

歯
nify

舌
lela

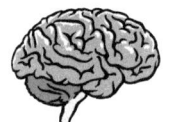

脳
saina

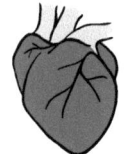

心臓
fo

筋肉
ozatra

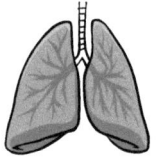

肺
havokavoka

肝臓
aty

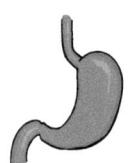

胃
vavony

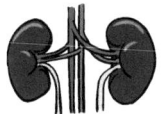

腎臓
voa

セックス
firaisana ara-nofo

コンドーム
fimailo

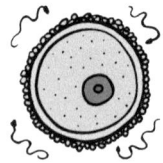

卵細胞
tsirivavy

精液
ranonaina

妊娠
vohoka

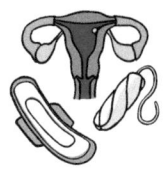

月経
fadimbolana

膣
fivaviana

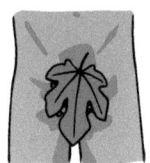

ペニス
filahiana

眉
volomaso

髪
volo

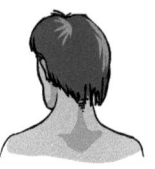

首
tenda

病院

hopitaly

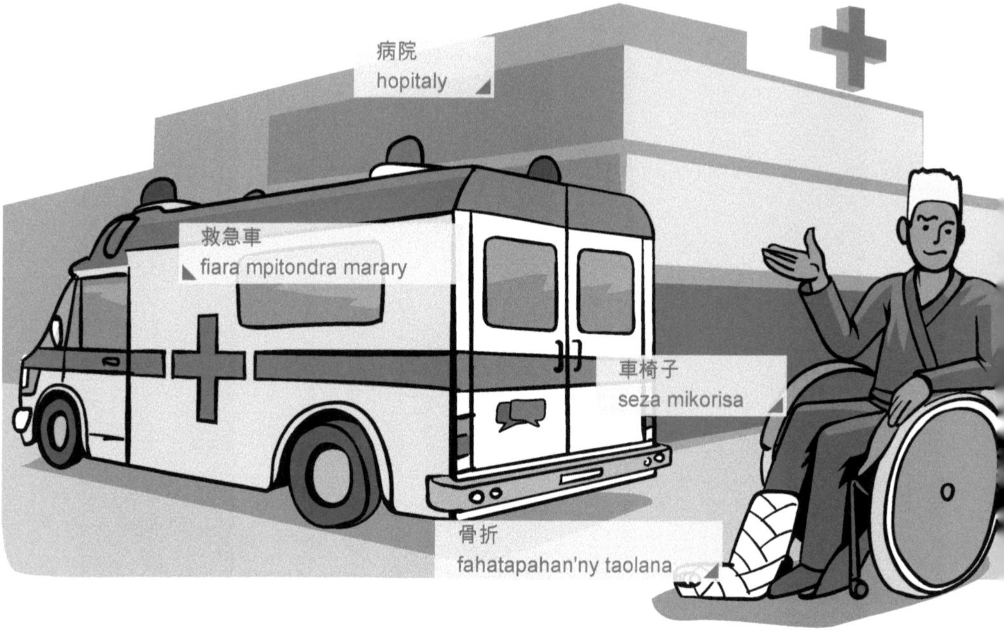

病院
hopitaly
救急車
fiara mpitondra marary
車椅子
seza mikorisa
骨折
fahatapahan'ny taolana

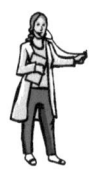

医師

dokotera

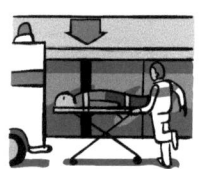

救急治療室

efitra vonjy taitra

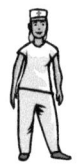

看護師

mpitsabo mpanampy

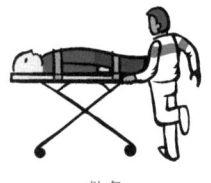

救急

vonjy taitra

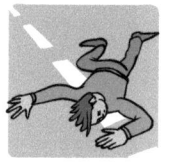

失神

tsy mahatsiaro tena

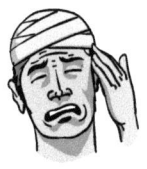

痛み

fanaintainana

けが

faharatràna

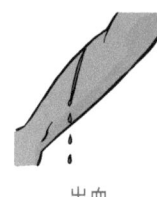

出血

mandeha rà

心臓発作

aretim-po

脳卒中

hatapahan'ny lalan-dra

アレルギー

tsy fahazakana sakafo

咳

kohaka

熱

tazo

インフルエンザ

gripa

下痢

fivalanana

頭痛

aretin'an-doha

癌

homamiadana

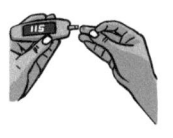

糖尿病

diabeta

外科医

dokotera mpandidy

外科用メス

antsy fandidiana

手術

fandidiana

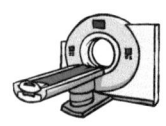

CT

TC

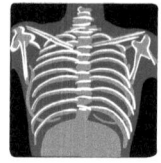

レントゲン

taratra X

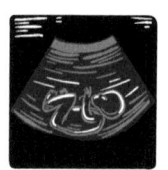

超音波

ekögrafia

マスク

saron-tava

病気

aretina

待合室

efitrano fiandrasana

松葉づえ

tehina

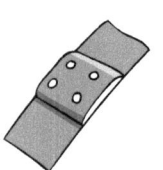

ばんそうこう

taha fery

包帯

bandy

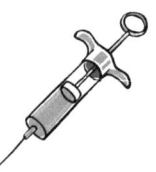

注射

tsindrona

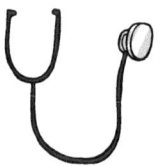

聴診器

stetoskopy

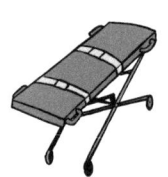

担架

filanjana marary

体温計

fitaovana fitsapana
hafanana

出産

fahaterahana

肥満

hatavezana tafahoatra

補聴器

aovana fandrenesana

消毒剤

famonoana mikraoba

感染

fifindràna aretina

ウイルス

viriosy

HIV / エイズ

VIH / SIDA

内服薬

fitsaboana

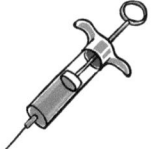

予防接種

vaksiny

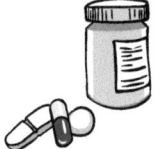

錠剤

pilina

ピル

pilina

緊急電話

antso vonjy taitra

血圧計

fitaovana fitsapana tosi-drà

病気の / 健康な

marary / salama

助けて！

Vonjeo!

アラーム

antso fanairana

暴行

herisetra

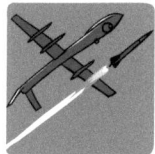

攻撃

vono

危険

loza

非常口

fivoahana raha misy loza

火事だ！

Afo!

消火器

fitaovam-pamonoana afo

事故

loza

救急箱

fitaovam-pitsaboana vonjimaika

SOS

SOS

警察

pôlisy

ヨーロッパ

Eoropa

北米

Amerika avaratra

南米

Amerika atsimo

アフリカ

Afrika

アジア

Azia

オーストラリア

Aostralia

大西洋

Atlantika

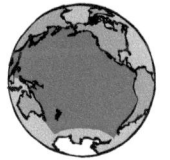

太平洋

Pasifika

インド洋

Ranomasimbe Indiana

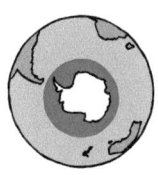

南極海

Oseana Antarktika

北極海

Oseana Arktika

北極

Tendrotany avaratra

南極

Tendrotany atsimo

南極大陸

Antarktika

地球

tany

陸

tany

海

ranomasina

島

nosy

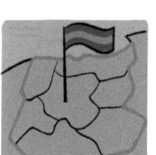

国家

tanindrazana

国家

firenena

文字盤

vam-pamantaranandro

短針

tondro ora

長針

tondro minitra

秒針

tondro segondra

何時ですか？

Amin'ny firy izao?

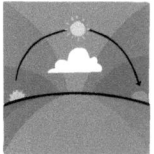

日

andro

時間

fotoana

現在

izao

デジタル時計

famantaranandro niomerika

分

minitra

時間

ora

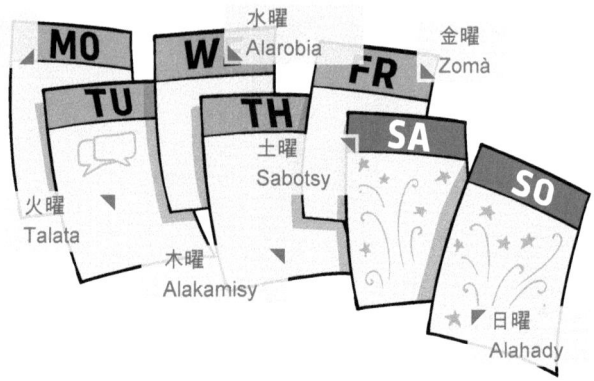

月曜
Alatsinainy

MO

水曜
Alarobia

金曜
Zomà

TU

TH

FR

SA

火曜
Talata

土曜
Sabotsy

SO

木曜
Alakamisy

日曜
Alahady

昨日
omaly

今日
androany

明日
ampitso

朝
maraina

昼
atoandro

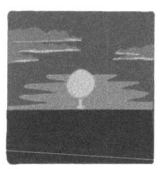

夜
hariva

営業日
adro fiasàna

週末
faran'ny herinandro

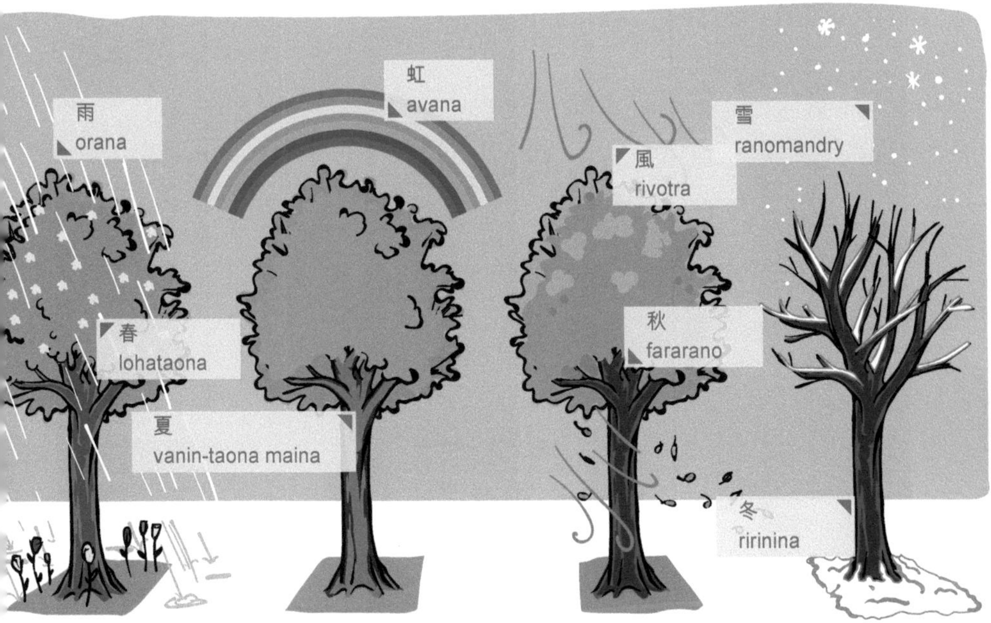

雨
orana
虹
avana
雪
ranomandry
風
rivotra
春
lohataona
秋
fararano
夏
vanin-taona maina
冬
ririnina

4.APRIL 11°
5.APRIL 4°
6.APRIL 13°
7.APRIL 8°
8.APRIL 10°

天気予報

inavina ara-toetrandro

F C
120 90 60 30 0 -30
40 30 20 10 0 -10 -20

温度計

thermomètre

日差し

tara-masoandro

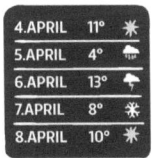

雲

rahona

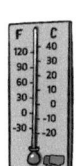

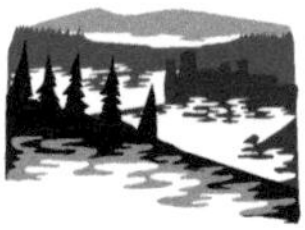

霧

zavona

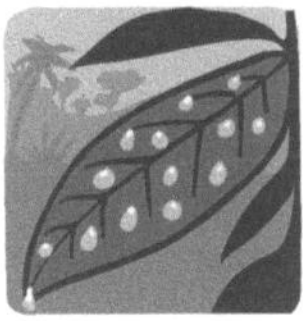

湿度

hamandoana

雷

tselatra

雷

kotroka

嵐

tafio-drivotra

ひょう

havandra

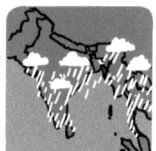

季節風

fahavaratra

洪水

tondra-drano

氷

vaingan-drano

1月

Janoary

2月

Febroary

3月

Martsa

4月

Avrila

5月

Mey

6月

Jiona

7月

Jolay

8月

Aogositra

9月
....
Septambra

10月
....
Oktobra

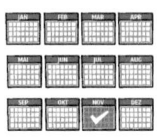

11月
....
Novambra

12月
....
Desambra

形
endrika

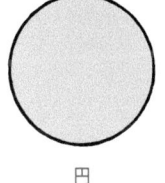

円
....
boribory

正方形
....
efamira

長方形
....
efajoro

三角
....
telozoro

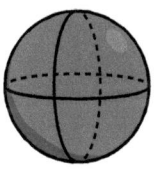

球
....
bola

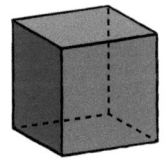

立方体
....
goba

色

loko

白
fotsy

黄
mavo

オレンジ
laoranjy

ピンク
mavokely

赤
mena

紫
voloparasy

青
manga

緑
maitso

茶
volotany

灰色
volondavenona

黒
mainty

多い ／ 少ない

betsaka / vitsy

怒っている ／
落ち着いている

tezitra / tony

美しい ／ 醜い

tsara / ratsy

初め ／ 終わり

iandohana / fiafarana

大きい ／ 小さい

lehibe / kely

明るい ／ 暗い

mazava / maloka

兄弟 ／ 姉妹

rahalahy / rahavavy

清潔な ／ 汚い

madio / maloto

完全な ／ 不完全な

feno / banga

日中 ／ 夜

andro / alina

死んだ ／ 生きている

maty / velona

幅広い ／ 狭い

malalaka / tery

食べられる　／
食べられない
azo hanina / tsy fihinana

悪意のある　／　親切な
tsivalahara / tsara fanahy

興奮している　／
退屈じている
endratra / sorena

太った　／　痩せた
matavy / mahia

最初に　／　最後に
voalohany / farany

友人　／　敵
mpinamana / mpifahavalo

いっぱいの　／　空の
feno / foana

硬い　／　柔らかい
mafy / malefaka

重い　／　軽い
mavesatra / maivana

空腹　／　喉の渇き
noana / mangetaheta

病気の　／　健康な
marary / salama

違法な　／　合法な
tsy ara-dalàna / ara-dalàna

賢い　／　愚かな
mahay / vendrana

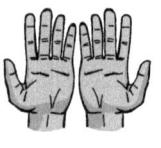

左に　／　右に
havia / havanana

近い　／　遠い
akaiky / lavitra

新しい / 中古の

vaovao / tranainy

何もない / 何かある

tsy misy / misy

老いた / 若い

antitra / tanora

オン / オフ

mandeha / maty

開いている /
閉まっている

mivoha / mihidy

静かな / うるさい

mangina / mitabataba

裕福な / 貧乏な

anankarena / mahantra

正しい / 間違っている

marina / diso

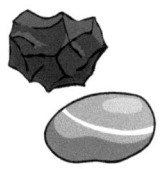

粗い / なめらか

marokoroko / malama

悲しい / 幸せな

malahelo / faly

短い / 長い

fohy / lava

ゆっくり / 速い

mora / faingana

濡れた / 乾いた

mando / maina

温かい / 冷たい

mafana / mangatsiaka

戦争 / 平和

ady / fahalemana

0

ゼロ

aotra

1

1

iray

2

2

roa

3

3

telo

4

4

efatra

5

5

dimy

6

6

enina

7

7

fito

8

8

valo

9

9

sivy

10

10

folo

11

11

iraikambinifolo

12

12
....
roambinifolo

13

13
....
teloambinifolo

14

14
....
efatrambinifolo

15

15
....
dimiambinifolo

16

16
....
eninambinifolo

17

17
....
fitoambinifolo

18

18
....
valoambinifolo

19

19
....
siviambinifolo

20

20
....
roapolo

100

100
....
zato

1.000

1000
....
arivo

1.000.000

100万
....
tapitrisa

英語

Anglisy

アメリカ英語

Anglisy amerikana

中国標準語

Fiteny sinoa mandarina

ヒンディー語

Hindi

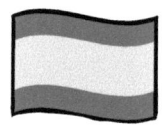

スペイン語

Espaniola

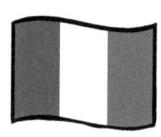

フランス語

Frantsay

アラビア語

Fiteny arabo

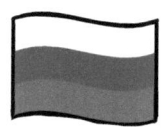

ロシア語

Fiteny rosiana

ポルトガル語

Portogey

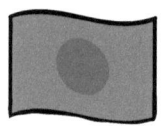

ベンガル語

Bengaly

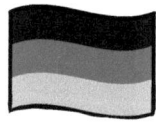

ドイツ語

Alemà

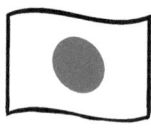

日本語

Japoney

私

izaho

あなた

ianao

彼 / 彼女 / それ

izy / io

私たち

isika

あなたたち

ianao

彼ら

zareo

誰？

iza?

何？

inona?

どうやって？

ahoana?

どこ？

aiza?

いつ？

oviana?

名前

anarana

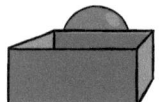

後ろ

aorina

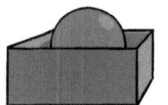

中

anaty

前

anoloana

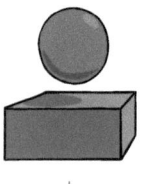

上

any

上

ambony

下

ambany

横

ankila

間

afovoany

場所

toerana